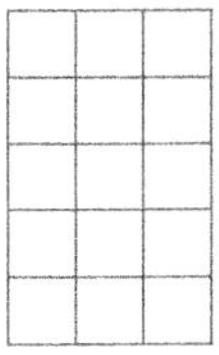
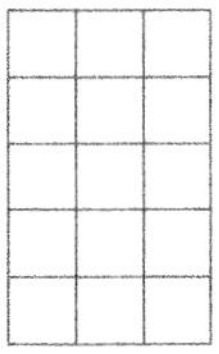
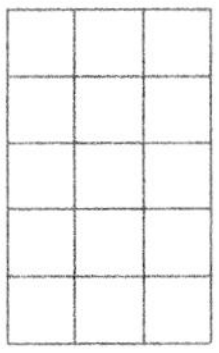
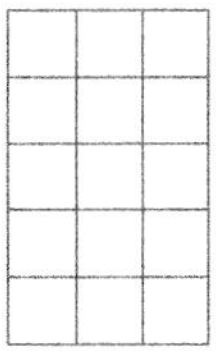
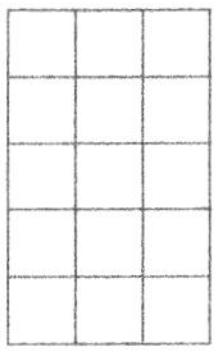

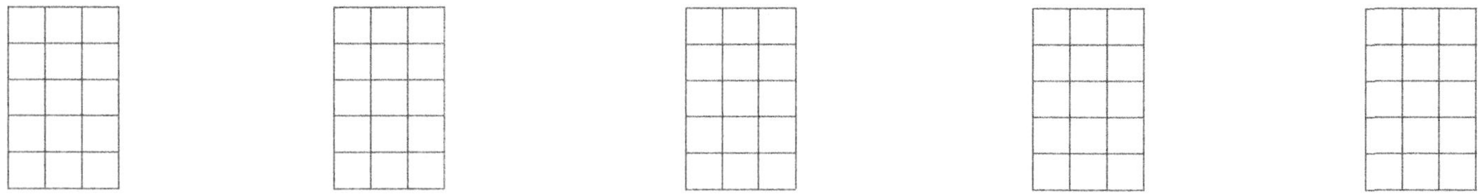

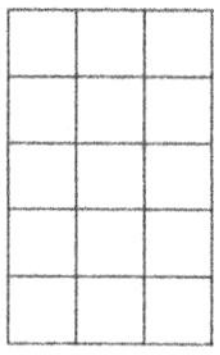
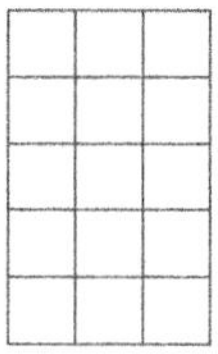
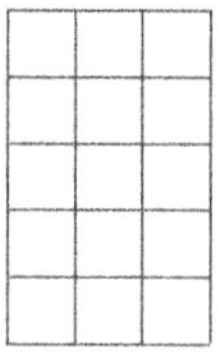
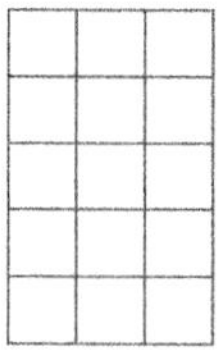
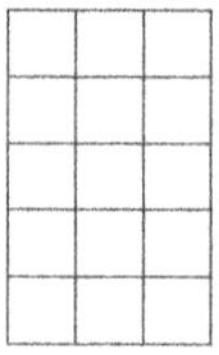

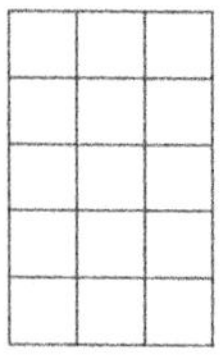
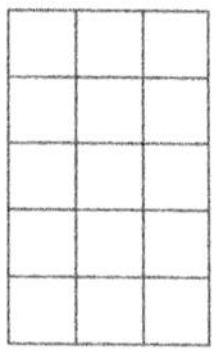
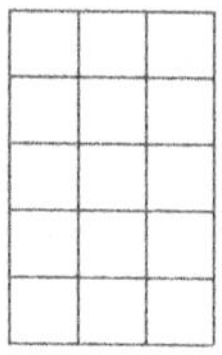
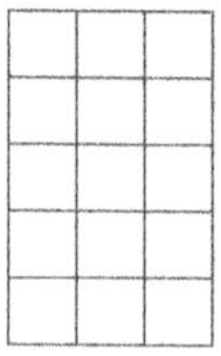
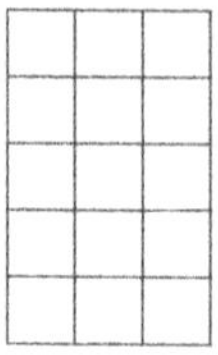

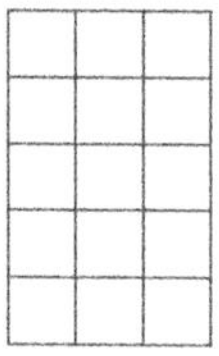

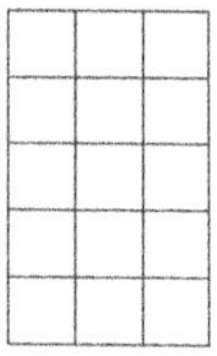

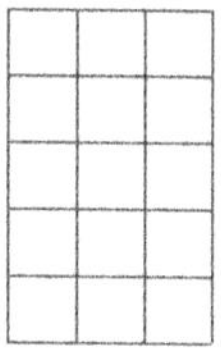

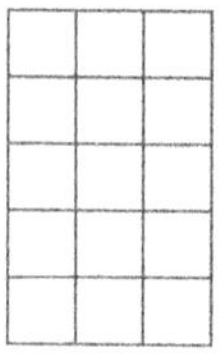

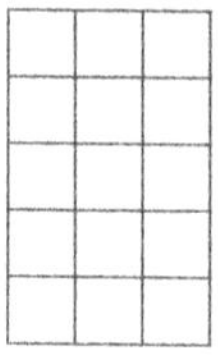

Made in the USA
Monee, IL
18 September 2021

78346872R00057